Liebe Mädchen und Jungen!

In diesem Arbeitsheft findet ihr Anregungen und Arbeitsaufträge, um das Nachschlagen im Wörterbuch „Schlag auf, schau nach!“ zu üben.

Ihr werdet erfahren, dass euch das Wörterbuch wertvolle Hilfe leisten kann beim Überprüfen eurer Rechtschreibung, beim Einüben von Regeln zum richtigen Schreiben, beim Unterscheiden von Wortarten und nicht zuletzt werdet ihr immer geübter im raschen Nachschlagen von Wörtern.

In diesem Arbeitsheft wird hauptsächlich mit dem aufbauenden Wörterverzeichnis des Wörterbuchs gearbeitet.

Ihr findet Übungen für:

- Das Ordnen von Buchstaben und Wörtern nach dem Abc
- Das Unterscheiden zwischen Namenwörtern, Tunwörtern und Wiewörtern
- Das Erkennen von Grundform, Personalform und Zeitform bei Tunwörtern
- Zusammengesetzte Namenwörter
- Das Bilden von Vergleichsformen bei Wiewörtern
- Das Aufstellen von Wortfamilien

Ihr könnt selbstständig in diesem Heft arbeiten. Die Symbole bei den Arbeitsanweisungen sagen euch, was ihr tun sollt.

 Schreibe ins Arbeitsheft.

 Schreibe in dein Schreibheft.

 Schlage im Wörterbuch nach.

 Arbeite mit einem Partner.

 Die Aufgabe kannst du zusätzlich bearbeiten.

180 | 18

| 99 10

Die Zahl in dem Kästchen gibt die Seite an, die du im Wörterbuch aufschlagen sollst. Der dicke Strich am Kästchenrand bedeutet, dass du das Wort in der rechten oder in der linken Spalte findest. Die Zahl neben dem Kästchen sagt dir, welches Wort du nehmen musst aus dieser Spalte. Zähle immer nur die **fett gedruckten** Wörter.

Damit euch das Arbeiten Freude macht, begleiten die schlaue Laura und der clevere Lorenz euch bei den Aufgaben.

Auf den letzten Seiten des Arbeitshefts findet ihr die Lösungen zu den Aufgaben, damit ihr euer Arbeitsergebnis selbstständig überprüfen könnt.

Viel Freude bei der Arbeit und guten Erfolg wünschen euch

eure Autoren

Edmund Wetter und Ute Wetter

Inhaltsverzeichnis

1. Verbinde die Buchstaben der Reihe nach. Beginne bei A-B-C.

2. Wie heißt das Märchen?
Schreibe über die Zahlen den entsprechenden Buchstaben aus dem Alphabet.

19 3 8 14 5 5 23 9 20 20 3 8 5 14

Abc-Detektiv

1. Trage die angegebenen Wörter ein.

Beispiel: 114 | 2

Die Zahl im Kästchen gibt die Seite 114 an.
Der dicke Strich am Kästchenrand bedeutet linke oder rechte Spalte.
Die Zahl hinter dem Kästchen sagt dir, welches Wort du nehmen sollst.
Hier sollst du also das zweite **fett gedruckte** Wort aus der rechten Spalte schreiben.

114 | 2 Blitz

| 118 5

121 | 9

| 131 12

137 | 13

142 | 11

151 | 2

155 | 8

| 157 5

| 170 2

| 180 15

182 | 10

| 191 19

211 | 8

224 | 9

230 | 16

234 | 2

242 | 6

247 | 5

| 248 2

| 251 20

2. Einige Anfangsbuchstaben aus dem Abc kommen nicht vor.
Unterstreiche bei jedem Wort den Anfangsbuchstaben.
Trage die fehlenden Buchstaben nach der Reihenfolge im Alphabet in die Kästchen ein.

3. Wie heißt das Lösungswort?
Ordne die Buchstaben zu einem Wort.

Anfangsbuchstaben finden

1. Schlage im gelben Teil des Wörterbuchs nach und schreibe die richtigen Buchstaben in die Lücken.
Notiere die Seitenzahlen.
Schlage abwechselnd mit einem Partner im Wörterbuch nach.

D oder T?	D ach	119	___ ag		___ ulpe		___ ame	
B oder P?	___ erle		___ esen		___ lastik		___ luse	
G oder K?	___ röte		___ rube		___ lingel		___ las	
Ä oder E?	___ rbse		___ rmel		___ quator		___ ngel	
F oder V?	___ olk		___ erien		___ lasche		___ ater	
V oder W?	___ ase		___ espe		___ ürfel		___ entil	
C oder K?	___ owboy		___ akao		___ omputer		___ alb	

2. Ordne die Wörter von Aufgabe 1 nach ihrem Anfangsbuchstaben.

Ä: ___

B: ___

C: ___

D: Dach

E: ___

F: ___

G: ___

K: ___

P: ___

T: ___

V: ___

W: ___

Wörter nach dem Abc ordnen

Merke

Ist der erste Buchstabe bei zwei Wörtern gleich, ordne nach dem zweiten Buchstaben.

1. Suche im Wörterbuch zu jedem Wortanfang das erste und das letzte Wort. Schreibe es hinter die Wortanfänge – aber nimm nur die **fett gedruckten** Wörter.

	erstes Wort	**letztes Wort**
LA	Labor	Lawine
LE		
LI		
LO		
LU		

2. Achte nun auch bei den Wörtern mit dem Anfangsbuchstaben K auf den zweiten Buchstaben.
Suche im Wörterbuch zu jedem Wortanfang das erste und das letzte Wort.
Schreibe es hinter die Wortanfänge. Nimm aber nur die **fett gedruckten** Wörter.

	erstes Wort	**letztes Wort**
KA	Kabel	Kauz
KE		
KI		
KL		
KN		
KO		
KR		
KU		

Der dritte Buchstabe im Wort

Merke

Sind die ersten beiden Buchstaben gleich,
ordne nach dem dritten Buchstaben.

1. Ordne die Wortanfänge nach dem Abc und trage sie unten in die Kästchen ein.

SPI ~~SPA~~ SPU SPR SPE SPO

2. Suche im Wörterbuch zu jedem Wortanfang das erste und das letzte Wort und schreibe es auf.

	erstes Wort	letztes Wort
SPA	Spachtel	spazieren

STO STR ~~STA~~ STI STU STE

	erstes Wort	letztes Wort
STA	Staat	staunen

Wörter nach dem Abc ordnen

1.  Ordne die Wörter nach ihrer Reihenfolge. Überprüfe die Reihenfolge im Wörterbuch. Achte nur auf die **fett gedruckten** Wörter. Schreibe die Seitenzahlen auf. Überprüfe mit einem Partner die Ergebnisse.

beraten	das Benzin	110	der Bogen		
das Benzin	beobachten		die Bohne		
bequem	bequem		der Bock		
beobachten	beraten		der Boden		

der Duft			die Fee		
sich ducken			fehlen		
dumm			fegen		
dulden			die Feder		

das Gift			die Gurke		
der Gipfel			gurgeln		
gigantisch			der Gurt		
gießen			die Gunst		

das Heu			die Kirche		
der Herzog			das Kino		
hetzen			kippen		
Hessen			der Kiosk		

2.  Ordne auch diese Wörter nach dem Abc. Schau im Wörterbuch nach. Bei jeder Folge steht ein Wort nicht im Wörterbuch. Unterstreiche es.

- lenken, der Lemming, die Lerche, der Leopard
- das Nikotin, nirgends, das Nilpferd, nippen, der Nil
- der Januar, der Jammer, der Jaspis, Japan, die Jalousie

Der vierte Buchstabe im Wort

Merke

Sind die ersten drei Buchstaben gleich,
ordne nach dem vierten Buchstaben.

1. Ordne diese Wörter nach dem Abc. Überprüfe die Reihenfolge im Wörterbuch. Schreibe die Seitenzahl auf.

beide		die Wange	
der Beifahrer		wann	
beichten		wandern	
beieinander		wanken	

sammeln		die Taste	
der Samt		die Tasse	
der Samen		tasten	
der Samstag		die Tasche	

2. Ordne die Wortanfänge nach dem Abc und trage sie unten in die Kästchen ein. Prüfe im Wörterbuch die Reihenfolge.

SCHL SCHU SCHE ~~SCHA~~ SCHO SCHI

3. Suche zu jedem Wortanfang das erste und das letzte Wort im gelben Teil des Wörterbuchs und schreibe es auf.

	erstes Wort	letztes Wort
SCHA	die Schabe	Schauspiel

Wörter selbst ordnen

1. Hier sind die Wörter nicht richtig geordnet.
Schreibe die Wörter richtig geordnet auf.
Achte auf den vierten Buchstaben und unterstreiche ihn.
Überprüfe die Reihenfolge im Wörterbuch. Achte nur auf die **fett gedruckten** Wörter. Schreibe die Seitenzahl auf.
Überprüfe mit einem Partner die Ergebnisse.

insbesondere	der Insasse	153	der Prinz		
die Inschrift	insbesondere		der Priester		
das Insekt	die Inschrift		prima		
der Insasse	das Insekt		prickeln		

der Reigen			das Seil		
die Reise			die Seide		
der Reim			sein		
die Reihe			die Seife		

der Stahl			die Taufe		
der Stall			tauchen		
die Staffel			tauen		
der Stamm			die Taube		

der Trubel			der Zuruf		
die Trümmer			zurzeit		
die Truhe			zürnen		
trügen			zurecht		

2. Ordne auch diese Wörter nach dem Abc. Kontrolliere die Reihenfolge im Wörterbuch. Bei jeder Folge steht ein Wort nicht im Wörterbuch. Unterstreiche es.
- helfen, hell, Helga, der Held, der Helm
- hinlegen, hinsetzen, hinnehmen, hinken, hinten
- heute, die Heuschrecke, der Heuhaufen, heulen, heucheln

Bild und Wort

1. Schreibe zu jedem Bild das passende Wort. Schau im Wörterbuch auf der angegebenen Seite nach, ob du richtig geschrieben hast. Der dicke Strich am Kästchenrand bedeutet rechte oder linke Spalte.

203

202

208

207

203

209

206

205

2. Ordne die Wörter von Aufgabe 1 nach dem Abc.

3. Suche zu den Wörtern unten verwandte Wörter. Schau im Wörterbuch nach. Schreibe nicht nur Namenwörter, sondern auch Tunwörter und Wiewörter.

Beispiel: die Sicht
sichten
die Sichtweise
sichtbar

feiern	**das Klima**	**schwer**

Wörter alphabetisch einordnen

1. Welches der vier Wörter gehört jeweils zwischen die vorgegebenen Wörter?
Überprüfe mit einem Partner die Ergebnisse.
Die Seitenzahlen helfen dir dabei.

116 Bruder, ~~Brot~~, Büffel, Buche

Brösel Brot Bruch
Brücke ______ Brühe
Buch ______ Buchstabe
Bude ______ Bügel

166 Lampion, Laptop, Laich, Lametta

Laib ______ Laie
Lama ______ Lamm
Lampe ______ Land
Lappen ______ Lärche

171 Mandel, Mars, Marmelade, Majestät

Mais ______ Makel
Mandarine ______ Manege
Markt ______ Marmor
Marone ______ Marsch

183 Orchester, Opfer, Osten, Orgel

Operette ______ Optik
Orang-Utan ______ Orchidee
Organisation ______ Orient
Oslo ______ Ostern

2. Arbeite wie bei Aufgabe 1.

184 185 Party, Patient, Papagei, Palast

Paket ______ Palme
Papa ______ Papier
Partner ______ Pass
Pater ______ Patrone

223 224 Terror, Tölpel, Tod, Tischler

Terrine ______ Test
Tisch ______ Titel
Tochter ______ Tofu
Tollwut ______ Tomate

Merke

Tunwörter verändern sich:
Du willst das Wort **spielt** schreiben und schaust im Wörterbuch nach. Dort findest du es nicht unter den **fett gedruckten** Wörtern. Deshalb musst du die Grundform **spielen** suchen.

1. Wie heißen die Tunwörter? Schreibe die Grundform und die Personalform auf.

spielen ______ 214

Er spielt mit dem Ball.

______ 169

Sie ______ im Liegestuhl.

______ 207

Sie ______ ins Heft.

______ 115

Die Kerze ______ hell.

______ 243

Das Kind ______ laut.

______ 140

Sie ______ mit der Gehhilfe.

2. Schreibe das Tunwort **rennen** in den verschiedenen Personalformen.

ich renne ______
du ______
er/sie/es ______
wir ______
ihr ______
sie ______

3. Schreibe die sechs Tunwörter von Aufgabe 1 in den verschiedenen Personalformen. Aufgabe 2 zeigt dir, wie du schreiben sollst.

Schwierige Personalformen

1. Schau im Wörterbuch nach und schreibe zu der Grundform die verschiedenen Personalformen. Schreibe jeweils die Seitenzahl dazu.
Überprüfe mit einem Partner die Ergebnisse.

lesen 168	fahren	rufen
ich lese	du	du
du liest	er	er
geben	raten	reiten
du	du	du
er	er	er
treten	laufen	sprechen
du	du	du
er	er	er
werfen	braten	helfen
du	du	du
er	er	er

2. Schreibe zu der Grundform von **sein** die verschiedenen Personalformen.
Schau im Wörterbuch nach.

ich	wir
du	ihr
er/sie/es	sie sind

3. Schreibe auch die Personalformen zu den Grundformen **haben** und **werden**.

Tunwörter zeigen die Zeit an

Merke

Tunwörter haben verschiedene Zeitformen.

1\. Schau im Wörterbuch auf den angegebenen Seiten nach.
Dort findest du die fehlenden Formen der Tunwörter.

Grundform	Gegenwart 3. Person Einzahl	Geschriebene Vergangenheit 3. Person Einzahl	Gesprochene Vergangenheit 3. Person Einzahl
brechen	bricht	brach 115	ist gebrochen
bringen	bringt	116	
115	brennt	brannte	
sprechen	215	sprach	
trinken	trinkt	226	
lesen	168	las	
167	läuft		ist gelaufen
hängen	148	hing	
226	tritt	trat	

2\. Ordne die Personalformen der Tunwörter der jeweiligen Grundform zu.
Nimm verschiedene Farbstifte und male die zusammengehörenden Wörter in der gleichen Farbe an. Schreibe die zusammengehörenden Wörter auf.
Schreibe so: essen – isst …

essen · half · springen · gesprungen

hilft · werfen · springt · warf · isst · geholfen

geworfen · wirft · sprang · geht · aß

helfen · gegangen · gehen · gegessen · ging

Tunwörter in verschiedenen Zeitformen

Merke

Es gibt Tunwörter, bei denen die Zeitformen regelmäßig sind, z. B. rechnen, er rechnet, er rechnete, er hat gerechnet.

1. Schlage die Wörter im Wörterbuch nach. Trage die Seitenzahl in die Kästchen ein. Ergänze in der Liste die verschiedenen Zeitformen.

Grundform		Gegenwart	Geschriebene Vergangenheit	Gesprochene Vergangenheit
turnen	227	sie turnt	sie turnte	sie hat geturnt
weinen				
winken				
sagen				
sparen				
glauben				

Merke

Es gibt Tunwörter, bei denen die Zeitformen unregelmäßig sind, z. B. werfen, er wirft, er warf, er hat geworfen.

2. Schlage die Wörter im Wörterbuch nach. Trage die Seitenzahlen in die Kästchen ein. Ergänze in der Liste die verschiedenen Zeitformen.

Grundform		Gegenwart	Geschriebene Vergangenheit	Gesprochene Vergangenheit
halten	147	er hält	er hielt	er hat gehalten
geben				
laufen				
essen				
sitzen				
singen				

Wiewörter und ihre Vergleichsformen

Merke

Wiewörter haben Steigerungsformen.

Die Bäume sind unterschiedlich groß.
Die Birke ist **groß**.
Die Kastanie ist **größer**.
Die Kiefer ist am **größten**. 146

1. Schreibe zu den Grundformen **hoch** und **dick** die Steigerungsformen und trage die Seitenzahl ein.

Die Bäume sind unterschiedlich hoch.

Die Birke ist hoch ______.

Die Kastanie ist ______.

Die Kiefer ist ______.

Die Baumstämme sind unterschiedlich dick.

Der Baumstamm der Birke ist ______.

Der Baumstamm der Kiefer ist ______.

Der Baumstamm der Kastanie ist ______.

2. Suche zu den Steigerungsformen der Wiewörter die Grundform im Wörterbuch und trage die Seitenzahl ein. Ergänze die Tabelle.

groß	146	größer	am größten
			am kleinsten
		länger	
			am kürzesten
			am dicksten

Namenwörter zusammensetzen

1. Schau im Wörterbuch nach und schreibe bei den angegebenen Seitenzahlen die Namenwörter auf.
Die Zahl im Rechteck gibt die Seite an.
Der dicke Strich am Rand des Rechtecks bedeutet rechte oder linke Spalte. Die Zahl neben dem Kästchen sagt dir, welches Wort du nehmen sollst aus dieser Spalte. Zähle immer nur die **fett gedruckten** Wörter.

| 199	15	Saft	210 |	13	
| 174	11		222 |	18	
151 |	21		| 243	18	
113 |	2		242 |	2	

2. Setze jedes Wort aus Aufgabe 1 mit dem Wort **Glas** zusammen.
Schreibe hier die zusammengesetzten Namenwörter.

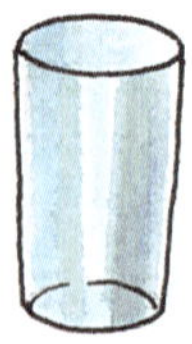

Saftglas

Merke

Unter den **fett gedruckten** Wörtern findest du viele zusammengesetzte Namenwörter.

3. Suche das vorgegebene Wort und schreibe das zusammengesetzte Namenwort auf, das unter diesem **fett gedruckten** Wort steht.

Ameise	98	Ameisenhaufen	Fladen	135	
Backe	106		Geist	141	
Birne	113		Hemd	149	
Drachen	122		Kachel	156	

Namenwörter zusammensetzen

Merke

Im Wörterbuch findet man nicht alle zusammengesetzten Namenwörter.
Zusammengesetzte Namenwörter musst du zuerst zerlegen und dann die einzelnen Wörter im Wörterbuch nachschauen.

1. Du willst **Glockenblume** und **Schlüsselblume** schreiben, aber beide Wörter findest du nicht als Stichwort im Wörterbuch.

Schau nach bei

Glocke	144
Blume	114
Schlüssel	204

G ____________________ S ____________________

2. Suche das zweite Wort auf der angegebenen Seite und setze die Wörter zusammen. Zähle nur die **fett gedruckten** Wörter.

Regen / Grund	Wasser	242	2	Regenwasser / Grundwasser
Vogel / Kinder		218	8	
Farbe / Fisch		122	2	
Baby / Kartoffel		115	12	

Zwei Namenwörter zusammensetzen

Merke

Zwei Namenwörter kannst du zu einem Wort zusammensetzen.

1.  Schreibe das passende zusammengesetzte Namenwort auf die Linie.
Unterstreiche das Wort, das an der zweiten Stelle steht, rot.
Unterstreiche das Wort, das an der ersten Stelle steht, grün.

Ein Haus, das aus Stein gebaut ist,

ist ein Steinhaus.

Ein Haus, das aus Holz gebaut ist,

ist ein ______________________.

Ein Haus, das im Garten steht,

ist ein ______________________.

Kinder bauen sich gern ein kleines Haus im Baum.

Das ist ein ______________________.

Ein Haus, in dem Vögel nisten können,

ist ein ______________________.

Ein Haus, das im Wasser auf Pfählen steht,

ist ein ______________________.

2.  Folgende Wörter sollen als erstes Wort in dem zusammengesetzten Wort stehen:
Fuß, Bahn, Schuh, Blume, Baum, Land.
Suche im Wörterbuch zu jedem dieser Wörter mindestens zwei zusammengesetzte Namenwörter.
Schreibe so: Fuß + Ball → Fußball, Fuß + Boden → Fußboden.

Zwei Namenwörter zusammensetzen

Merke

> Der Begleiter bei einem zusammengesetzten Wort ist der gleiche wie beim zweiten Wort.

Beispiel:

Hier steht das Wort **Wasser** in dem zusammengesetzten Wort einmal an der ersten Stelle und einmal an der zweiten Stelle.

erstes Wort	der Regen	das Wasser
zweites Wort	das Wasser	der Tropfen
zusammengesetztes Wort	das Regenwasser	der Wassertropfen

1. Schreibe vor das Wort **Wasser** ein weiteres Wort. Du findest es im Wörterbuch auf den angegebenen Seiten. Schreibe das zusammengesetzte Wort mit Begleiter auf.

	erstes Wort	zweites Wort	zusammengesetztes Namenwort mit Begleiter
116 20	____________	→ Wasser	____________
136 1	____________	→ Wasser	____________
199 8	____________	→ Wasser	____________

2. Suche zu dem ersten Namenwort **Wasser** ein zweites Namenwort. Du findest es auf den angegeben Seiten. Schreibe das zusammengesetzte Wort mit Begleiter auf.

erstes Wort		zweites Wort	zusammengesetztes Namenwort mit Begleiter
Wasser →	115 1	____________	____________
Wasser →	171 1	____________	____________
Wasser →	127 15	____________	____________

3. Bilde zusammengesetzte Namenwörter. Unterstreiche das zweite Namenwort. Denke an den Begleiter.

Pflaumen, Zitronen, Nadel → Baum → Rinde, Schule, Krone

Dorf, Land, Spiel → Straßen → Bahn, Rand, Pflaster

Schnecken, Baum, Traum, Holz → Haus → Tür, Dach, Tier, Bau

Steuer, Holz, Wagen, Wasser → Rad → Spur, Speichen, Dampfer, Weg

Tunwort und Namenwort zusammensetzen

Merke

Zusammengesetzte Namenwörter können auch aus einem Tunwort und einem Namenwort bestehen.

Beispiel: Das Wort **Lesebuch** besteht aus dem Tunwort **lesen** und dem Namenwort **Buch**. Du findest das Wort **Lesebuch** unter dem **fett gedruckten** Wort **lesen**. Aber wie du weißt, stehen nicht alle zusammengesetzten Wörter im Wörterbuch. Dann musst du die Wörter, aus denen das Wort besteht, einzeln nachschlagen.

1. Suche auf den angegebenen Seiten im Wörterbuch das Tunwort und das Namenwort. Schreibe sie auf. Arbeite mit einem Partner. Einer sucht das Tunwort und der andere das Namenwort.

2. Schreibe dann das zusammengesetzte Namenwort.

168 | 4 lenken
122 | 7 Drachen
Lenkdrachen

215 | 9 ____
| 135 7 ____
____

115 | 15 ____
168 | 17 ____
____

115 | 16 ____
| 144 19 ____
____

215 | 14 ____
| 108 4 ____
____

209 | 3 ____
| 244 18 ____
____

| 179 10 ____
| 139 4 ____
____

144 | 14 ____
113 | 14 ____
____

Wiewort und Namenwort zusammensetzen

Merke

Zusammengesetzte Namenwörter können auch aus einem Wiewort und einem Namenwort bestehen.

1. Suche das zusammengesetzte Wort. Es soll aus einem Wiewort und einem Namenwort bestehen. Schau im Wörterbuch auf den angegebenen Seiten nach.

edel 124

Edelstein

kühl 165

bunt 117

blau 114

2. Schreibe das erste zusammengesetzte Namenwort, das im Wörterbuch bei dem angegebenen Wiewort steht.

134	fest	Festland	146	groß	
114	blind		151	hoch	
197	rot		198	rund	
200	sauer		197	roh	

3. Arbeite wie bei Aufgabe 2.

208	schwarz		137	froh	
214	spitz		220	stumm	
218	still		177	mürbe	
165	kurz		187	platt	

Namenwort und Wiewort zusammensetzen

Merke

Wiewort und Namenwort können so zusammengesetzt werden, dass das Wiewort an der zweiten Stelle steht. Dann wird das zusammengesetzte Wort ein Wiewort.
Beispiel: Zucker + süß = zuckersüß.
Zusammengesetzte Wiewörter werden kleingeschrieben.

1. Suche im Wörterbuch das zusammengesetzte Wiewort.
Du findest es bei dem Namenwort auf der angegebenen Seite.

206 Schnee

schneeweiß → Schnee + weiß

170 Luft

→ +

210 See

→ +

241 Wachs

→ +

164 Kugel

→ +

245 Wiesel

→ +

160 Knie

→ +

2. Schreibe auch die zusammengesetzten Wiewörter, die du unter folgenden Namenwörtern findest: Purpur, Kerze, Riese, Stahl, Turm, Start.

Neue Wiewörter entstehen

Merke

Nicht alle zusammengesetzten Wiewörter kannst du im Wörterbuch nachschlagen. Dann musst du das zusammengesetzte Wort auseinandernehmen und beide Wörter getrennt nachschlagen.
Beispiel: Der Ball flog **messerscharf** an seinem Kopf vorbei.

1. Suche das Wort **Messer**. Es steht auf Seite ___.

   Suche das Wort **scharf**. Es steht auf Seite ___.

2. Bilde zusammengesetzte Wiewörter. Schau im Wörterbuch nach und notiere die Seitenzahl für die beiden Wörter wie im Beispiel. Arbeite mit einem Partner. Einer sucht das Wiewort im Wörterbuch und der andere sucht das Namenwort.

208 schwarz wie ein

192 Rabe

rabenschwarz

fleißig wie die

klar wie ein

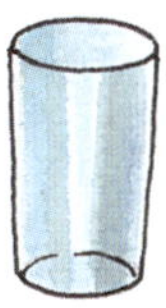

blau wie der

grün wie

schnell wie ein

warm wie eine

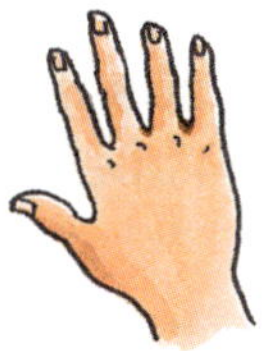

leicht wie eine

Wiewörter zusammensetzen

1. Zerlege das zusammengesetzte Wiewort in das Namenwort und das Wiewort. Schlage diese Wörter im Wörterbuch nach. Schreibe das Namenwort mit Begleiter, das Wiewort und die Seitenzahlen.
Ein Partner sucht das Namenwort und der andere sucht das Wiewort.

222	der Tau	137	frisch	taufrisch
205	der Schmerz			schmerzfrei
				taghell
				aalglatt
				kugelrund
				krebsrot
				bärenstark
				windelweich
				ofenfrisch

Merke

Das erste Wort in einem zusammengesetzten Wiewort kann auch ein Tunwort oder ein Wiewort sein.

2. Suche das erste Wort und das zweite Wort, aus denen das Wiewort zusammengesetzt ist, im Wörterbuch. Schreibe die Wörter und die Seitenzahl auf.
Arbeite wie bei Aufgabe 1 mit einem Partner.

				fangfrisch
				bettelarm
				kleinkariert
				feuchtwarm
				schwebeleicht
				hauchzart

Verwandte Wörter mit a finden

Merke

Zu vielen Wörtern mit **ä** findest du im Wörterbuch verwandte Wörter mit **a**.

1. Suche zu den Wörtern mit **ä** verwandte Wörter mit **a**. Notiere auch die Seitenzahl.

der Gärtner	das Gänseblümchen	kämpferisch
139 der Garten		
glätten	der Händler	länglich
die Bäckerei	fälschen	das Päckchen
mächtig	die Wäsche	der Tänzer
der Fänger	der Rächer	sich schämen

2. Arbeite wie bei Aufgabe 1.

zänkisch	die Gräfin	das Gewächs
einfädeln	nächtlich	kräftig
der Europäer	wärmen	die Sättigung

3. Auch zu diesen Wörtern mit **ä** kannst du im Wörterbuch verwandte Wörter mit **a** finden: die Ärztin, die Härte, kläglich, das Längenmaß, der Sträfling, plätten, das Mäppchen, das Pärchen. Arbeite wie bei Aufgabe 1.

Verwandte Wörter mit au finden

Merke

Zu vielen Wörtern mit **äu** findest du im Wörterbuch verwandte Wörter mit **au**.

1. Suche zu den Wörtern mit **äu** verwandte Wörter mit **au**. Notiere auch die Seitenzahl.

sich bräunen	kräuseln	der Käufer
115 braun		
sich häuten	gräulich	die Fäulnis
der Bräutigam	die Bäuerin	säuerlich
säubern	schäumen	säumen

2. Arbeite wie bei Aufgabe 1.

gläubig	anhäufen	der Läufer
die Räumung	der Häuptling	der Täufling
die Räusche	bläulich	die Kräuter

3. Auch zu diesen Wörtern mit **äu** kannst du im Wörterbuch verwandte Wörter mit **au** finden: die Bäuche, die Schläue, die Sträuße, gläubig, der Räuber, die Mäuse, der Säufer, träumen. Arbeite wie bei Aufgabe 1.

Wortfamilien

Merke

Verwandte Wörter bilden eine Wortfamilie. In einer Wortfamilie haben alle Wörter den gleichen Wortstamm.

Beispiel: Wortfamilie **Spiel**

das <u>Spiel</u> → Namenwort
<u>spiel</u>en → Tunwort
<u>spiel</u>erisch → Wiewort
das <u>Spiel</u>feld → zusammengesetztes Namenwort

1. Suche im Wörterbuch das angegebene Wort.
Schreibe jeweils ein verwandtes Wort zu jeder Wortart.
Unterstreiche den Wortstamm.

Namenwort	Tunwort	Wiewort	zusammengesetztes Namenwort
das <u>Haar</u> 147	<u>haar</u>en	<u>haar</u>ig	<u>Haar</u>bürste
das Haus 148			
der Wind 245			
das Blut 114			
die Falte 132			
die Flucht 135			
der Blitz 114			
der Frost 137			
der Traum 225			
das Glück 144			

2. Schreibe auch zu diesen Wörtern verwandte Wörter. Arbeite wie bei Aufgabe 1.

das Leben 167	der Hunger 152	kaufen 157	kleben 159
essen 131	der Kopf 162	kühl 165	kurz 165

Lösungen

Seite 3: Das Abc

S	C	H	N	E	E	W	I	T	T	C	H	E	N
19	3	8	14	5	5	23	9	20	20	3	8	5	14

Seite 4: Abc-Detektiv

1.

China	Geschichte	Löwe	Sieg	Watte
Diktat	Hochzeit	Netz	Tomate	Xylofon
Esel	Jupiter	Ohr	Unfall	Yeti
Frühling	Kapitän	Quelle	Verdeck	Zufall

2. AIMPR 3. PRIMA

Seite 5: Anfangsbuchstaben finden

1.

	Seite		Seite		Seite		Seite
Dach	119	Tag	221	Tulpe	227	Dame	119
Perle	185	Besen	111	Plastik	187	Bluse	114
Kröte	164	Grube	146	Klingel	160	Glas	144
Erbse	129	Ärmel	102	Äquator	101	Engel	128
Volk	239	Ferien	133	Flasche	135	Vater	233
Vase	233	Wespe	244	Würfel	247	Ventil	233
Cowboy	118	Kakao	156	Computer	118	Kalb	156

2. Ä: Ärmel, Äquator
B: Besen, Bluse
C: Cowboy, Computer
D: Dach, Dame
E: Erbse, Engel
F: Ferien, Flasche
G: Grube, Glas
K: Kröte, Klingel, Kakao, Kalb
P: Perle, Plastik
T: Tag, Tulpe
V: Volk, Vater, Vase, Ventil
W: Wespe, Würfel

Seite 6: Wörter nach dem Abc ordnen

1. LE: Leben, Lexikon
LI: Libelle, live
LO: loben, Lotto
LU: Luchs, Luxus

2. KE: Kebab, Keyboard
KI: kichern, Kiwi
KL: kläffen, Klumpen
KN: knabbern, knuspern
KO: k.o., Kotelett
KR: Krabbe, Kruzifix
KU: Kuchen, Kuvert

Seite 7: Der dritte Buchstabe im Wort

1. und 2. SPE: Specht, Spezialist
SPI: spicken, spitzen
SPO: sponsern, spotten
SPR: Sprache, Sprung
SPU: spucken, Spurt
STE: Steak, Steward
STI: Stich, Stirn
STO: stochern, stottern
STR: Strafe, Struwwelpeter
STU: Stube, stutzen

Seite 8: Wörter nach dem Abc ordnen

1.

	Seite		Seite		Seite		Seite		Seite
der Bock		sich ducken		die Feder		gießen		die Gunst	
der Boden	114	der Duft	123	die Fee	133	das Gift	144	gurgeln	146
der Bogen		dulden		fegen		gigantisch		die Gurke	
die Bohne		dumm		fehlen		der Gipfel		der Gurt	

	Seite		Seite
der Herzog		das Kino	
Hessen	150	der Kiosk	158
hetzen		kippen	
das Heu		die Kirche	

2. der Lemming, lenken, der Leopard, die Lerche
das Nikotin, der Nil, das Nilpferd, nippen, nirgends
die Jalousie, der Jammer, der Januar, Japan, der Jaspis

Seite 9: Der vierte Buchstabe im Wort

1.

	Seite		Seite		Seite		Seite
beichten		wandern		der Samen		die Tasche	
beide	109	die Wange	242	sammeln	199	die Tasse	222
beieinander		wanken		der Samstag		die Taste	
der Beifahrer		wann		der Samt		tasten	

2. und 3. SCHE: der Scheck, scheußlich
SCHI: die Schicht, der Schirm
SCHL: die Schlacht, der Schlüssel
SCHO: der Schock, der Schotter
SCHU: der Schub, der Schutt

Seite 10: Wörter selbst ordnen

1.

	Seite		Seite		Seite		Seite		Seite
prickeln		der Reigen		die Seide		die Staffel		die Taube	
der Priester	189	die Reihe	195	die Seife	210	der Stahl	216	tauchen	222
prima		der Reim		das Seil		der Stall		tauen	
der Prinz		die Reise		sein		der Stamm		die Taufe	

der Trubel — trügen — die Truhe — die Trümmer: Seite 227

zurecht — zürnen — der Zuruf — zurzeit: Seite 252

2. der Held, helfen, Helga, hell, der Helm
hinken, hinlegen, hinnehmen, hinsetzen, hinten
heucheln, der Heuhaufen, heulen, die Heuschrecke, heute

Seite 11: Bild und Wort

1. und 2. Schildkröte, Schirm, Schlange, Schmetterling, Schnorchel, Schraube, Schwan, Schwein

3. feiern: die Feier, feierlich, der Feierabend, der Feiertag
das Klima: klimatisch, klimatisiert, die Klimaanlage, der Klimawandel
schwer: die Schwere, schwerelos, die Schwerkraft, schwerfällig

Seite 12: Wörter alphabetisch einordnen

1. Brösel – Brot – Bruch
Brücke – Bruder – Brühe
Buch – Buche – Buchstabe
Bude – Büffel – Bügel

Laib – Laich – Laie
Lama – Lametta – Lamm
Lampe – Lampion – Land
Lappen – Laptop – Lärche

Mais – Majestät – Makel
Mandarine – Mandel – Manege
Markt – Marmelade – Marmor
Marone – Mars – Marsch

Operette – Opfer – Optik
Orang-Utan – Orchester – Orchidee
Organisation – Orgel – Orient
Oslo – Osten – Ostern

2. Paket – Palast – Palme
Papa – Papagei – Papier
Partner – Party – Pass
Pater – Patient – Patrone

Terrine – Terror – Test
Tisch – Tischler – Titel
Tochter – Tod – Tofu
Tollwut – Tölpel – Tomate

Seite 13: Personalformen

1. liegen
Sie liegt im Liegestuhl.

schreiben
Sie schreibt ins Heft.

brennen
Die Kerze brennt hell.

weinen
Das Kind weint laut.

gehen
Sie geht mit der Gehhilfe.

ich liege	wir liegen
du liegst	ihr liegt
er/sie/es liegt	sie liegen

ich schreibe	wir schreiben
du schreibst	ihr schreibt
er/sie/es schreibt	sie schreiben

ich brenne	wir brennen
du brennst	ihr brennt
er/sie/es brennt	sie brennen

ich weine	wir weinen
du weinst	ihr weint
er/sie/es weint	sie weinen

ich gehe	wir gehen
du gehst	ihr geht
er/sie/es geht	sie gehen

2.

ich renne	wir rennen
du rennst	ihr rennt
er/sie/es rennt	sie rennen

3.

ich spiele	wir spielen
du spielst	ihr spielt
er/sie/es spielt	sie spielen

Seite 14: Schwierige Personalformen

1.

	Seite
fahren – du fährst – er fährt	132
rufen – du rufst – er ruft	197
geben – du gibst – er gibt	139
raten – du rätst – er rät	193
reiten – du reitest – er reitet	195
treten – du trittst – er tritt	226
laufen – du läufst – er läuft	167
sprechen – du sprichst – er spricht	215
werfen – du wirfst – er wirft	244
braten – du brätst – er brät	115
helfen – du hilfst – er hilft	149

2.

ich bin	wir sind
du bist	ihr seid
er/sie/es ist	sie sind

3.

ich habe	wir haben	ich werde	wir werden
du hast	ihr habt	du wirst	ihr werdet
er/sie/es hat	sie haben	er/sie/es wird	sie werden

Seite 15: Tunwörter zeigen die Zeit an

1. bringen – bringt – brachte – hat gebracht
brennen – brennt – brannte – hat gebrannt
sprechen – spricht – sprach – hat gesprochen
trinken – trinkt – trank – hat getrunken
lesen – liest – las – hat gelesen
laufen – läuft – lief – ist gelaufen
hängen – hängt – hing – hat gehangen
treten – tritt – trat – hat getreten

2. essen – isst – aß – gegessen
werfen – wirft – warf – geworfen
springen – springt – sprang – gesprungen
helfen – hilft – half – geholfen

Seite 16: Tunwörter in verschiedenen Zeitformen

1.

	Seite			
weinen	243	er weint	er weinte	er hat geweint
winken	245	er winkt	er winkte	er hat gewinkt
sagen	199	sie sagt	sie sagte	sie hat gesagt
sparen	213	sie spart	sie sparte	sie hat gespart
glauben	144	er glaubt	er glaubte	er hat geglaubt

2.

	Seite			
geben	139	er gibt	er gab	er hat gegeben
laufen	167	er läuft	er lief	er ist gelaufen
essen	131	er isst	er aß	er hat gegessen
sitzen	212	er sitzt	er saß	er hat gesessen
singen	211	er singt	er sang	er hat gesungen

Seite 17: Wiewörter und ihre Vergleichsformen

1. Die Bäume sind unterschiedlich hoch. Seite 151
Die Birke ist hoch.
Die Kastanie ist höher.
Die Kiefer ist am höchsten.

Die Baumstämme sind unterschiedlich dick. Seite 121
Der Baumstamm der Birke ist dick.
Der Baumstamm der Kiefer ist dicker.
Der Baumstamm der Kastanie ist am dicksten.

2.

	Seite				Seite		
klein	159	kleiner	am kleinsten	kurz	165	kürzer	am kürzesten
lang	166	länger	am längsten	dick	121	dicker	am dicksten

Seite 18: Namenwörter zusammensetzen

1. Milch, Honig, Bier, Senf, Tee, Wein, Wasser

2. Milchglas, Honigglas, Bierglas, Senfglas, Teeglas, Weinglas, Wasserglas

3. Backenzahn, Birnbaum, Drachenflieger, Fladenbrot, Geisterbahn, Hemdkragen, Kachelofen

Seite 19: Namenwörter zusammensetzen

1. Glockenblume
Schlüsselblume

2. Vogelstimme, Kinderstimme   Farbdose, Fischdose   Babybrei, Kartoffelbrei

Seite 20: Zwei Namenwörter zusammensetzen

1. Holzhaus
Gartenhaus
Baumhaus
Vogelhaus
Pfahlhaus

2. Fuß + Ball → Fußball, Fuß + Boden → Fußboden, Fuß + Gänger → Fußgänger,
Fuß + Gängerin, Fußgängerin
Bahn + Hof → Bahnhof, Bahn + Schranke → Bahnschranke, Bahn + Steig → Bahnsteig
Schuh + Karton → Schuhkarton, Schuh + Macher → Schuhmacher,
Schuh + Macherin → Schuhmacherin, Schuh + Sohle → Schuhsohle
Blume + Beet → Blumenbeet, Blume + Kohl → Blumenkohl,
Blume + Strauß → Blumenstrauß, Blume + Vase → Blumenvase
Baum + Haus → Baumhaus, Baum + Krone → Baumkrone, Baum + Stumpf → Baumstumpf
Land + Karte → Landkarte, Land + Tag → Landtag

Seite 21: Zwei Namenwörter zusammensetzen

1. Brunnen + Wasser → das Brunnenwasser
Fluss + Wasser → das Flusswasser
Salz + Wasser → das Salzwasser

2. Wasser + Boiler → der Wasserboiler
Wasser + Mann → der Wassermann
Wasser + Eis → das Wassereis

3. der Pflaumenbaum, der Zitronenbaum, der Nadelbaum, die Baumrinde, die Baumschule, die Baumkrone
die Dorfstraßen, die Landstraßen, die Spielstraßen, die Straßenbahn, der Straßenrand, das Straßenpflaster
das Schneckenhaus, das Baumhaus, das Traumhaus, das Holzhaus, die Haustür, das Hausdach, das Haustier, der Hausbau
das Steuerrad, das Holzrad, das Wagenrad, das Wasserrad
die Radspur, die Radspeichen, der Raddampfer, der Radweg

Seite 22: Tunwort und Namenwort zusammensetzen

1. und 2.

sprühen	bremsen	brennen	spülen	schwimmen	nähen	glühen
Flasche	Licht	Glas	Becken	Weste	Garn	Birne
Sprühflasche	Bremslicht	Brennglas	Spülbecken	Schwimmweste	Nähgarn	Glühbirne

Seite 23: Wiewort und Namenwort zusammensetzen

1. Buntstift
Kühlschrank
Blaulicht

2. Blindenhund, Rotkäppchen, Sauerkirsche, Großeltern, Hochdeutsch, Rundfahrt, Rohkost

3. Schwarzwald, Spitzname, Stillstand, Kurzschluss, Frohsinn, Stummfilm, Mürbeteig, Plattform